Le Corps du boxeur

Freddy Saïd Skouma

Le Corps du boxeur

récit

PAUVERT

Il y a des femmes qui vous mènent en enfer.
Quelquefois il y en a une qui vous relève.
Alors c'est le bon Dieu qui dort près de vous.
Pour moi c'était Andrée-Michèle.

Pour Freddy, mon fils.

1

Ça commence toujours comme ça, on attend. Plus de contrôle, l'angoisse n'est pas loin. Tu ouvres cette porte et tu vas tout droit. Tu ne peux pas revenir en arrière. Les portes des W.C. qui n'arrêtent pas de claquer. L'envie de pisser. Il se passe des choses avant d'y aller : la trouille. Et c'est fini dès que le gong résonne.

Mon entraîneur a revêtu son costume noir. Il me bande les mains, les masse doucement, faisant passer en moi sa maîtrise, sa puissance. Il me donne des conseils, toujours les mêmes, sur un ton bourru, parce qu'il a le trac : « Ne te laisse pas faire ! Gauche ! Gauche ! Droite ! ».

La conversation, avec lui, c'est du concentré : « Qu'est-ce que tu veux que je te dise ? Toute la nuit, tu demandes à ta gonzesse : "Tu veux que je te la mette ?" Maintenant t'es devant un tueur, c'est là que tu vas lui rentrer dedans ! Une place à gagner, ça ne se refuse pas, alors ne viens pas nous emmerder ! »

J'aperçois papa dans un silence, sans avoir besoin de lui parler, je sais ce qu'il ressent. Il a toujours la certitude que tout finira par s'arranger. Je ne savais pas que je pouvais lui faire autant de mal. Il souffre plus que moi lorsque je combats. Ma victoire apaisera sa souffrance.

La transpiration me donne la chair de poule. Je hais ces moments d'attente. Je pense à l'homme que je dois combattre et me dis qu'il doit ressentir les mêmes choses que moi.

J'enfile mes chaussures avec l'attention d'une ballerine : le pied gauche en premier. Je le glisse lentement. Tout est fait en harmonie. Comme si je me mettais en prière. J'enlève ma putain de vie civile et je rentre dans la vraie vie. Si courte.

Puis on ouvre la porte. Je vais tout droit, impossible de revenir en arrière. Je sors du vestiaire... le couloir... et soudain — j'étais dans l'ombre — j'arrive dans la lumière. En bas, brillant comme un diamant... le ring. Il faut y aller ! Je voudrais ne pas exister. La foule est là qui me porte, qui m'excite. J'avance... C'est incroyable ! C'est magnifique. Mon cœur cogne.

J'ai un short blanc, des chaussures noires, un peignoir bleu que je dépose tranquillement sur un cintre. Tout un cérémonial.

Mais il faut être fort pour se déshabiller sur un ring. Montrer son corps à tous ces regards. Mes tatouages sont mes seules cicatrices. Elles me donnent une vraie gueule, l'air de vraiment venir d'ailleurs.

Jusqu'à vingt ans, j'ai eu une abondante chevelure frisée. Un jour, j'ai décidé de l'aplatir pour ressembler aux Noirs américains. Mes copains m'arrosèrent de tellement de produits que je crus qu'ils y avaient mis le feu. Je sautais comme un cabri. Puis, voyant que mes cheveux restaient hirsutes, ils y passèrent un fer à repasser (nous n'avions pas de sèche-cheveux). Pour ne pas avoir l'air d'un clown, je m'étais tartiné de gomina. Deux jours après, j'étais chauve.

Plus tard, mon fils m'a demandé :

« Où sont tes cheveux, papa ?

– Je les ai donnés à une hirondelle pour faire son nid. »

Mes gants, je les revêts seulement sur le ring. Alors je deviens chat. Quand je pose le pied sur le tapis, je suis un autre. En me faufilant entre les cordes, je suis transformé. J'ai le match en tête. Je retrouve mon instinct de guerrier. Mes ancêtres sont pour quelque chose dans toute cette histoire. C'est leur force invisible qui m'a permis de m'élever. Je suis le guerrier d'antan dans un corps de boxeur.

Je déploie mes ailes de faucon et je plane au-dessus du monde de mon adversaire.

Arrivé dans mon coin, je crache. Superstition. Ainsi, je le purifie. Je mets mes empreintes et efface celles du boxeur qui est passé avant moi. Je choisis toujours le côté droit.

À Casablanca, Omar était le simplet de la rue. Sa présence transformait tout en or. Il ne sortait que le jour de la Grande Prière. Auquel d'entre nous allait-il embrasser la main ? La réponse était importante car l'élu serait purifié. Lorsque c'était mon tour, une brise fraîche me pénétrait.

Le speaker présente mon adversaire au public. Enfant, je me trompais rarement lorsqu'un boxeur montait sur le ring. Je devinais l'issue du combat à sa tête. Mais là, je ne le regarde pas, j'observe seulement son entourage : manager, soigneur, entraîneur.

C'est sur leur visage que je vois la fougue de leur combattant.

Je fais le tour du ring pour montrer ma détermination et ma force. C'est une danse rituelle. Il faut cacher sa peur et impressionner son adversaire. Mon staff est derrière et autour de moi. Ils tapent des mains pour me soutenir.

Autour de la balance, ce matin, cerné par les photographes, les entraîneurs, les curieux, les managers, les délégués de la Fédération qui vérifiaient la conformité du poids, je l'ai examiné. Lui aussi. On s'affronte avant même de monter sur le ring. Le combat se gagne au regard.

Le gong sonne. J'ai le cœur qui descend. Je me raidis, je deviens tout petit. Je m'approche de l'arbitre qui rappelle les règles du combat. Je les connais par cœur : ne pas taper au-dessous de la ceinture, s'arrêter après le gong... Il arrive qu'il le fasse en espagnol, en italien ou en anglais. Je réponds : « Yes », « yes », « yes » et, dans ce charabia, je comprends qu'il faut éclater l'autre.

Dans la salle, on n’entend plus rien. Le combat commence pour trois minutes.

Je m'approche de mon adversaire. Ses yeux, comme les miens, fixent l’infini.

Un homme bleu, sur son chameau, dans le désert, lutte contre le vent.

Je colle mon corps contre le sien. Il faiblit. Il ignore combien il va sentir ma présence.

En boxe, il ne faut bondir sur l’ennemi qu'après l’avoir jaugé. J’ai passé des heures à observer mon chat. J’ai beaucoup appris de lui. Il dort puis, au moindre signal, il écarte les pupilles. Alors seulement, il s'élance sur sa proie, en une attaque rageuse.

Un jour, dans le port d’Agadir, j’ai vu un homme en état de démence. Il avait frappé un chat à mort. Ça avait été son malheur. Les djinns l’avaient rattrapé. Le chat possède la baraka. La nuit, lorsqu'un chat noir passe devant moi, je m'arrête.

Combien de fois ai-je flairé mon adversaire ! Les odeurs de transpiration chassent celles du thé et de la menthe. Celles du trac ou de la peur sont plus fortes que celles de l'oranger. Il y a l'odeur de celui qui, touché et déjà vaincu, est capable de sortir le pire de lui-même ; l'odeur de celui qui, le visage sans cicatrice, est prêt à porter tous les coups interdits ; de celui qui craint le combat et se cache derrière la Grande Muraille de Chine pour ne pas se faire massacrer. Les odeurs des vrais champions sont plus difficilement perceptibles... À la fin, elles font toutes aussi mal.

Je me recule. Je choisis le centre. Je lui laisse les coins. Pas de sortie possible. Le ring m'appartient. En général, je commence direct du gauche pour m'échauffer et mesurer ma force.

Je cherche à le situer et à lui montrer ma technique. Puis j'esquive, je pare, je contre, je tente de l'endormir. Ou bien je le nargue, je lui envoie des petites gauches pour l'humilier. Il n'y a rien de pire. Il préférerait recevoir un coup fort dans la gueule. Ça le rend fou. Il ne se contrôle plus. Et là, je fais ce que je veux de lui. Je tourne autour de lui. Je virevolte. Il perd ses moyens. J'ai encore appris ça de mon chat.

Il y a aussi, dans la boxe, une gamme de sons qui descendent comme sur des portées de musique, de l'aigu au grave. Le K.O. sonne directement sur le tympan ; c'est un son très vif et pointu qui pique l'adversaire au plus profond de lui-même et l'endort. Les coups graves et lourds, par exemple à l'estomac ou à la figure, sans réelle efficacité, sont les basses répétitives qui gonflent le visage et laissent des hématomes. Des traces qui font partie du métier.

Il a couvert son foie et son menton, sa garde est hermétique, comme lorsqu'on a peur des coups.

Quand je suis arrivé en France, à l'âge de dix ans. J'écrivais très bien... mais de droite à gauche. À la dictée, je serrais les lettres pour qu'il n'y ait pas de place pour les fautes.

Ma garde est aérienne. Recevoir les coups n'est pas mon problème. Quand tu as confiance en toi, ils ne te font plus mal. Il n'y a plus que toi qui existes. À toi de le saper, de l'amener où tu veux.

Jour après jour, j'ai appris davantage : « Vert, je passe ; rouge, je continue... » J'ai toujours été excessif : la première fois que je suis allé à la piscine, j'ai plongé. On est venu me rechercher sous l'eau. Il faut travailler avec le danger, s'offrir aux coups et surtout en donner, pas une multitude, mais le bon. La douceur des orangeraies prend l'acidité des citrons. Les torgnoles font remonter dans la bouche l'amertume de l'estomac.

Aux moments les plus durs d'un combat, j'attends que l'adversaire me rentre dedans. J'ai les jetons, mais j'ai les poings, je le vois se jeter dessus, y fracasser sa mâchoire. Je sens ses os craquer. Je m'enferme dans mon feu.

La minute de repos arrive enfin. Le soigneur me passe l'éponge, m'enlève le protège-dents, le met dans l'eau glacée et m'asperge la tête. J'essaie de calmer mon rythme cardiaque, de récupérer mes esprits. On desserre mon short, on me masse le cou, il faut me relaxer et détendre mes muscles.

Dans mon coin, j'aperçois mon père. Il sait ce que c'est qu'être entouré par des cordes. Le cadran accroché au mur. Les aiguilles qui tapent au rythme du cœur. Le trac d'être là, dans le temps. Je fixe son regard. C'est presque lui qui boxe. Je suis entre ses mains. Ayant pratiqué la boxe en semi-professionnel, il a tout fait pour m'en écarter. Il voulait, disait-il, que je sois simplement un homme avec un bon métier, mais c'est quand même lui qui m'a poussé. Les soirs de gala, quand j'étais gosse, il m'emmenait visiter les vestiaires, histoire de serrer la main des boxeurs et pour leur donner du courage. Comme un grand, je leur parlais de leur dernier combat, celui qu'ils avaient perdu. Ils me maudissaient en riant, sale gosse que j'étais ! Je me revois donner gauche-droite dans les paumes de ses mains qui m'ont longtemps protégé de tout.

Jean Bretonnel m'encourage... Dans le vacarme du combat, mon oreille est attentive à ses ordres. J'exécute ce qu'il me dit. Ses yeux sont mes poings. Au fur et à mesure du combat, la vue se brouille, et son soutien est de plus en plus important.

« Qu'est ce que tu attends pour le finir ? »

La vue du sang me met dans un état difficilement descriptible.

« Un uppercut, et tu lui feras monter la tête en ascenseur, jusqu'au septième étage ! »

L'arbitre nous rappelle pour reprendre le combat. Mon entraîneur me pousse violemment pour que j'occupe le centre du ring en premier.

Je vois le visage tuméfié de mon adversaire, il n'en a plus pour longtemps. Mais il a droit à une mort propre. Je respecte son courage. Et du courage, il en faut pour monter sur un ring. Il n'a pas été lâche, il le sait. Peut-être est-il angoissé. L'angoisse rassure, mais il vaut mieux être inconscient, parce qu'alors tu peux tout faire, montrer ta bite, mordre, t'as même le droit de le tuer, tu es le roi. Si tu n'es plus tout à fait toi-même, tu es possédé par une force incontrôlable. J'ai eu des adversaires qui frappaient comme la foudre. Moi, j'étais un tremblement de terre.

Il blêmit, s'affole. Il ne mérite pas encore de mourir. Il saigne. Je veux qu'il se vide. Il panique. Il cherche le jour. Le moment venu, je lui donnerai le coup de grâce.

Au temps béni de ma gloire, moi et mon corps formions une unité sublime. Je faisais un peu partie des étoiles. Juste avant que mes adversaires ne tombent au tapis, j'entr'apercevais le paradis au fond de leurs yeux...

Je ne suis ni d'Orient, ni d'Occident, ni de la terre, ni de la mer, dit Jalâl ed-Din Rûmi. Ma place est ce qui est sans place, ma trace est ce qui est sans trace... je cherche l'Un, je connais l'Un, je vois l'Un, j'invoque l'Un. Il est le premier, il est le dernier. Il est à l'intérieur, il est à l'extérieur.

Tout s'arrête. L'instant imprévisible dans un combat, c'est le K.O. Le mirage est sur le ring comme dans le désert. On n'a rien vu, mais l'adversaire est à terre. Le temps d'ouvrir et de fermer les yeux, le temps du round. Puis il se relève. Il est vivant mais abandonné. Le pire, à cet instant, est en moi. Je vois sa tristesse, j'esquive son regard. Je n'aime pas absorber cette putain de mort, j'aime la joie.

« Tu te réveilleras dans un autre corps, lui dis-je silencieusement. Si le courage t'en dit, tu te relèveras. Le prochain combat te ressuscitera. Ta défaite n'a pas d'importance. Aucun boxeur ne peut prétendre que tout lui appartient. Continue ton voyage. Tout a un sens. Va de l'avant, revenir en arrière est inutile : on ne retrouve jamais les mêmes gens, les mêmes odeurs... »

2

Un combat, c'est douze rounds, souvent moins, et puis c'est terminé. On s'en sort avec la gueule boursouflée, une ou les deux arcades éclatées. Après, on se douche et on rentre chez soi. Mais écrire ! L'adversaire est en papier. Lui envoyer un uppercut n'est pas aussi facile.

Ces pages sont le reflet de mes années passées à boxer pour vivre, à m'entraîner à vivre, à boxer pour boxer.

Tout a commencé dans la nuit du 8 mars 1971, à Cahors. J'avais onze ans. Papa m'avait placé au premier rang, devant le poste de télévision, sur une chaise de la salle à manger. Le menton posé sur la toile cirée représentant une chasse à courre, j'assistai, pour la première fois de ma vie, à un combat de géants : le Blanc, Joe Frazier, contre le Noir, Cassius Clay. Chacun des boxeurs, jusqu'à présent invaincu, cherchait à rappeler l'autre sous terre, pour être « l'homme le plus fort du monde », celui qui n'aura jamais plus peur de personne. Plus la tension du combat montait, plus je voulais ressembler à Clay, entrer dans la légende.

Le crochet gauche de Joe Frazier le sanctionna au quinzième round. Le combat avait été si violent qu'ils passèrent ensuite quinze jours à l'hôpital.

Trois ans plus tard, le 8 mars 1974, les droites de Clay lui répliquèrent.

Dès l'âge de huit ans, à Casablanca, j'entendais parler de Cassius Clay. Je connaissais tous ses combats. Il était mon idole. Et puis il se convertit à l'Islam et devint Mohamed

Ali : un Dieu plus grand, pour moi, que toutes les stars du foot.

Il triompha de Foremann, de Spinks et de beaucoup d'autres, même de sa maladie de Parkinson. C'est lui qui m'apprit qu'on ne devait jamais renoncer.

Je dois remonter dans le temps du Sud, pour retrouver en moi les premières souvenirs de boxe. À l'âge de six ans, j'appartenais à un quartier de Casablanca. Avec d'autres enfants de mon âge nous allions « à l'étranger » — à quelques centaines de mètres — pour découvrir s'il s'y pratiquait les mêmes jeux, s'il y avait les mêmes escaliers que chez nous... Mais c'était un autre territoire. Et ses occupants nous chassaient à coups de pierre.

Nous nous enfuyions jusqu'à un terrain vague qui n'appartenait à aucun clan, une zone où s'installaient des marabouts, des conteurs, des sorciers, des guérisseurs, des marchands de pâtisseries et d'épices, des montreurs de singes, des jongleurs, des chiens acrobates, toutes sortes de bonimenteurs, un Tarras Boulba avec ses chaînes, « l'homme le plus fort du monde », des voleurs à la tire, des aveugles d'un jour, estropiés d'une heure, des porteurs d'eau faisant tourner leur chapeau autour de la tête, des Gnawas du Sud marocain dans leur grande gandoura blanche, dansant et faisant claquer leurs castagnettes en tournant comme des soufis. Tout un peuple bouillant dans les odeurs de soupe, de grillades.

Une des plus belles attractions était le combat de boxe. Au milieu d'une foule d'enfants passionnés, le conteur choisissait les protagonistes. Puis il improvisait un combat entre deux gosses sur une trame imaginaire. Le combat était scandé par le tambour. Les enfants, sans aucune expérience de ce sport, trouvaient spontanément les gestes. L'esquive, le jeu de jambes d'une incroyable rapidité, l'équilibre, l'aisance du corps. Ils ne se touchaient pas, mais leurs mouvements étaient toujours justes. La frime du coq.

Au bout de quelques heures, sonnés par les cris et les chants de la foule, nous errions dans le terrain vague comme un boxeur qui essaie de retrouver son coin. Puis nous nous asseyions sur un banc et nous attendions que nos parents viennent nous chercher. Mina, ma grand-mère, savait toujours où me trouver.

Je n'avais pas vraiment peur. C'était comme si j'étais parti dans le désert, sans plus.

Celui qui m'aura, des années plus tard, définitivement poussé dans la boxe, c'est Niffeur, le mâle de dix-huit ans coiffé à la Michael Jackson qui régnait sur la basse-cour de notre cité H.L.M., à Cahors.

C'est en 1968 que nous nous étions installés dans cette ville du Lot. Mon père Abdelmulla y avait obtenu un contrat de maçon. Et puis, de semaine en semaine, les années avaient passé. On a vécu là, avec ma mère et mes deux sœurs. Pour moi qui sortais de Casablanca, Cahors ressemblait à un décor de film de capes et d'épées.

Avec mon copain Édouard, nous allions sur les collines pour repérer les nids de pies. Mais, pour y arriver, il fallait traverser le pont Valentré, qui enjambe le Lot, magnifique avec ses six arches principales, ses trois tours carrées et ses deux châtelets. Nous étions terrorisés car un diable était sculpté dans l'une de ses pierres ! Un diable furieux qui essayait vainement d'ôter une pierre du pont mais n'y arrivait pas car ses doigts y étaient coincés. Je croyais dur comme fer à la légende de cet architecte qui, ne venant pas à bout de la construction du pont, avait vendu son âme au diable afin d'obtenir son aide (puis avait trouvé un stratagème pour s'en libérer). Nous courions le plus vite possible pour le traverser.

« Popaul », un homme tout petit et bossu, nous régalait avec ses histoires magiques : par exemple, comment pêcher le brochet avec un poussin accroché à une branche d'arbre affleurant l'eau. Il vivait dans un autre monde, toujours accompagné de trois petits chiens noirs et blancs. Ses bras démesurés, fins comme des lianes, lui permettaient de tenir son fusil bien plus grand que lui. Il les utilisait aussi admirablement pour lancer les boules de pétanque. Il m'apprit à faire une canne à pêche avec un morceau de bambou, à monter les hameçons, à repérer les bons coins.

Il y avait aussi « Tarzan l'Africain », une grande gueule à moustaches... Peut-être n'avait-il jamais quitté son village, mais il racontait drôlement bien ses combats contre les crocodiles, ses chasses au lion, le lieu sacré du cimetière des éléphants, qu'il était seul à connaître ; ses porteurs qui l'appelaient *Bwana*... Nous restions bouche bée.

Un soir, au bar des sports, Popaul et Tarzan, après avoir bu plusieurs verres, décidèrent de partir à la chasse aux escargots. L'un était armé d'un bidon d'essence vide sur lequel il frappait pour faire le tonnerre, l'autre d'une lampe-torche pour faire les éclairs. Au bar, ils cherchèrent un troisième larron pour faire la pluie avec un arrosoir. Mais, compte tenu du froid, ils restèrent au bistrot. D'ailleurs, les escargots avaient pris le maquis.

Le premier hiver, en me réveillant au matin, je crus qu'un camion avait renversé sa cargaison de farine sur la route.

Je voyais la neige pour la première fois.

Puis j'appris à mettre mes mains dans mes poches et à me coller au radiateur.

J'avais découvert le froid.

Un matin ma mère m'envoie chercher du pain. Le boulanger fait venir sa fille. Elle ne dit rien, elle m'accompagne dans un magasin et m'achète une grosse paire de chaussure et un duffle-coat.

Niffeur était pour moi une provocation permanente. Je devais l'éliminer, lui prendre son camp, c'est-à-dire sa petite amie. Comme j'ai tourné autour d'elle, il m'a lancé un défi :

« Nous allons nous battre ! »

J'ai reçu une sévère branlée. Pour cacher mes yeux au beurre noir, j'ai enfoncé une casquette sur ma tête. Mon père, pendant plusieurs semaines, ne me parla plus.

Pour effacer cette humiliation, je suis allé trouvé Ruffino Pineda. Ce réfugié politique basque était entraîneur de boxe dans la région. C'est lui qui a découvert mes dons pour le « noble art ». Le don, ça se sent, c'est épidermique. C'est dans les yeux, dans les vibrations du corps. À quinze ans, je commençais à avoir des muscles, à avoir des couilles, à bander, j'étais au printemps, le bon moment pour apprendre le solfège de la boxe : les pas croisés, avoir une bonne gauche, esquiver, lancer, tourner, feinter ; surtout pas d'imprévu : prévoir, pressentir.

Il m'a dit : « La frappe, tu l'as. Ce qu'il te faut, c'est découvrir comment gérer la tactique de ton adversaire. Ne pas te mettre face au soleil, comme l'enseignaient les samouraïs, ne pas te battre à découvert, savoir mentir, ne pas lui donner deux fois la même occasion de te toucher. » Alors tout s'est enchaîné, le vélo sur lequel mon père m'avait installé enfant était lancé. J'ai appuyé de toutes mes forces. Plus rien ne m'a arrêté.

Six mois plus tard, je battais Niffeur à la régulière, sur un ring. Dans la rue, il s'est écrasé. Je m'étais imposé, mais j'avais mis le bras dans l'engrenage.

Quand tu es devenu un caïd, tu dois rester en éveil. Il faut continuer toujours et toujours.

3

Voyant que ce sport me protégeait des dangers de la délinquance, ma mère me serra de près. Elle s'occupa sérieusement de ma carrière. Elle surveilla mon régime, m'obligea à me coucher tôt et m'envoya courir le matin. Pourtant, la salle de boxe ressemble à la rue. On y rencontre pas mal de petits malins qui n'ont pas besoin de boxer pour vivre et qui ne respectent que leurs magouilles. Des « affaires », on m'en a proposées, toutes plus rentables les unes que les autres. Au lieu d'être un grand boxeur, j'aurais pu devenir un grand mac, un grand braqueur ou un grand trafiquant.

Muhamed Ali ne m'avait pas appris la dureté de ce milieu. Tu dois assurer en permanence la défense de ton territoire bordé de cordes contre tes camarades de salle qui te jalousent et qui, pour prendre ta place, vont frimer devant l'entraîneur. Tu es le caïd ? Le pari est lancé, les autres ne l'entendent pas ainsi. Chaque soir est une nouvelle guerre. Celui qui t'a porté un coup particulièrement dur, tu ne dois jamais l'oublier. Question d'autorité. Le lendemain, il faut le frapper. Mais toujours dans le respect. C'est comme ça que j'ai gardé ma place pendant huit ans.

Dès que tu franchis la porte de la salle d'entraînement, à 17 heures, tu entends sonner le gong. Une minute de repos, trois minutes d'entraînement... gong... Une minute de repos, trois minutes d'entraînement... gong... Jusqu'à 20 heures, il va falloir frapper le sac de toutes tes forces, sauter à la corde, boxer face à la glace — contre toi-même —, ou contre un partenaire. Comme *sparring-partner,* je ne prenais que des poids-lourds. La plupart savaient à quoi s'en tenir. Ils sortaient le plus souvent défaits, mais je ne peux pas non plus dénombrer combien de coups ils m'ont portés.

L'entraînement est pire que le combat. Ton partenaire te connaît parfaitement. Il change les combinaisons. Si tu es fatigué, il ne faut pas le montrer, et jamais dire que tu as mal. Et c'est de plus en plus dur. Chaque soir, tu dois faire éclater le sac.

Parmi les boxeurs qui s'entraînent, on rencontre aussi des sentimentaux. L'un d'eux, à la suite d'une peine d'amour, décida de mettre fin à sa vie en se tirant une balle dans la tempe. Mais il avait utilisé un pistolet à grenaille. Il s'en sortit avec une belle brûlure.

Un autre, qui recevait toujours des coups sur le pif, était recherché par tous les boxeurs. À force de se faire écraser le nez, on l'avait appelé « Bouton de rose »...

Il ne fallait pas dépasser la limite de poids. La catégorie super-welter est de 69 kilos et 850 grammes. Or j'étais presque toujours dans les 71 kilos. Je devais brûler les graisses. Combien de fois m'est-il arrivé, après une soirée où j'avais bien mangé et bu, de me faire vomir dans les toilettes le soir en rentrant. Ces soirs-là, je pouvais presque évaluer le nombre de toxines que j'avais ingurgitées. Puis j'allais m'enfermer dans le sauna afin de retrouver un corps neuf.

Boxer pour boxer. Ça deviendra ma vie. Je me revois courir hiver comme été, automne comme printemps, dans le bois de Vincennes. Chaque racine, chaque obstacle du parcours m'étaient devenus familiers. Je savais combien de mètres il me restait à faire. J'étais réglé comme une horloge.

Les yeux fermés, je goûtais les brumes qui montaient du sol, le silence du bois. À cinq heures du matin, accompagné du chant des oiseaux, ma conscience était en paix avec la nature. Sur le lac, des cygnes frissonnaient.

Je me souviens qu'au début du printemps, à Cahors, une jeune femme venait faire une prière devant le premier cygne qu'elle voyait. Parce qu'il donnait, disait-elle, « un parfum à la terre ». Je ne comprenais pas, mais ce geste me fascinait.

Le mystère éternel, ni tu le connais, ni moi,
Cette énigme, ni tu la connais, ni moi,
Et quand le rideau se lèvera, tu verras,
Que nous ne savions rien, ni toi, ni moi.

Dit Omar Khayam

4

La boxe m'a fait une existence de nomade aux quatre coins de la France…

… le trajet en car de Casablanca à Marrakech : les arrêts pour le ravitaillement, l'odeur de la viande grillée, de la coriandre dont l'odeur me rappelle, aujourd'hui encore, le souk chargé de fruits aux mille couleurs, de tous les légumes imaginables, patates douces ou aigres, roses ou sucrées, poivrons, tomates, courgettes et ses étals de rougets, dorades, thons, pieuvres, poulpes, requins…

Dans le car, il y avait encore le parfum du thé à la menthe, et le bric-à-brac des marchands de beignets, de bracelets, de montres. Nous allions voir mon grand-père Abdel Kadou et ma grand-mère Mina dans leur ferme, à dix kilomètres de la ville. Le car, surchargé de chèvres, de poules, de cartons, de vélos, nous déposait au bord de la rivière. Papa me prenait sur son épaule et me faisait traverser le cours d'eau. Il y avait tellement de poissons que je n'en croyais pas mes yeux.

Grand-père nous attendait sur l'autre rive avec mon âne personnel qui connaissait le chemin menant d'une ferme à l'autre. L'odeur des grenadiers, des figuiers, des vignes et de la menthe me montait à la tête. Puis grand-père me faisait faire le tour du verger. Grand, sec, la barbiche blanche, il avait l'âge de ses arbres.

Il s'asseyait sous son auvent de branches de palmier. La brise soufflait doucement. Ses yeux bleus me regardaient avec tendresse. « Une belle saison », me disait-il.

Chaque année était une belle saison.

La voix de Billie Holiday me prenait aux tripes. J'aurais fait n'importe quoi pour me trouver près d'elle. Je me serais battu pour elle. Je l'aurais emmenée dans mon quartier. Je lui aurais présenté Hassan, Miloud, Saïd. Je lui aurais montré nos parties de foot sur le boulevard où nous slalomions entre les voitures et les camions aux heures de pointe, en tâchant de ne pas être attrapés par les flics.

On jouait quartier contre quartier. Il fallait défendre l'honneur. Sinon, nous aurions été la honte des aînés. La récompense était une bouteille de Coca-Cola. L'humiliation pour l'équipe perdante était de se faire éclater son ballon.

Je revois le pylône électrique sous lequel, tard dans la nuit, notre bande se réunissait pour d'interminables bavardages. Ou bien le parc Jarda, où nous nous retrouvions au milieu des bougainvillées, des jasmins, des lilas et des cèdres. Nous levions le nez. Les reflets d'une télévision nous parvenaient d'une fenêtre d'un immeuble voisin. Sans rien entendre ni voir, nous étions fascinés.

À neuf ans, je sortais tôt le matin pour aller avec deux ou trois copains aider Ali, le porteur d’eau aveugle, à remplir ses six bidons en aluminium dont le bord enduit d’une résine parfumée donnait à l’eau un goût de fraîcheur anisée. On le conduisait jusqu'au bout du quartier et on l’aidait à traverser la rue. De l’autre côté, il était dans son fief, il en connaissait les moindres détours. À l’époque, il n’y avait pas d’eau courante dans certains quartiers de Casablanca. Et même là où il y en avait, beaucoup d’habitants préféraient son eau à lui. C'était une tradition.

Ma grand-mère avait toujours une énorme jarre de terre cuite dans sa cuisine. Tous les deux ou trois jours, on faisait venir Ali pour la remplir. C'était une eau souple, précieuse, presque sacrée. En fait, ce n’était pas de l’eau de source, mais simplement l’eau des fontaines de la ville. Ali avait un concurrent qui, lui, vendait des pains de glace. Ça nous paraissait révolutionnaire : « De la glace ! encore plus fraîche que l'eau d'Ali ! »

Il y avait aussi le boulanger du quartier chez qui chacun apportait son pain pétri par la mère ou la grand-mère. Le nôtre s'appelait Driss, un petit homme noir de peau qui, devant son four en terre battue, savait exactement à qui appartenait le pain qu'on lui avait confié, comment il fallait le cuire, qu'il soit chaud, à point pour midi, pas trop tôt, pas trop tard.

Mina allait choisir son blé au souk. Elle le calibrait, le nettoyait puis le faisait dorer au soleil brûlant, elle le retournait pendant des jours, puis elle allait voir plusieurs meuniers pour trouver le meilleur et obtenir la farine idéale : fine, de la couleur adéquate, celle qui allait apporter le goût parfait. Au Maroc, le pain est une histoire d'amour. On ne le laisse pas traîner par terre, on ne le jette pas. Si un mendiant passe, on lui donne du pain, parce qu'on l'avait gardé pour lui.

Les femmes se réunissaient entre elles et s'installaient dans la rue. Après avoir cardé et brossé la laine de mouton, elles plantaient des piquets entre les pavés, puis elles commençaient à tisser, à croiser les fils et faisaient monter peu à peu la couverture. Tout ça sur fond de potins, de ragots, d'histoires anciennes ou récentes, de mythes, de légendes. Pendant ce temps-là, nous, les jeunes, allions faire les équilibristes sur les charrettes tirées par les bourricots, et quelquefois nous recevions un bon coup de cravache.

Je voudrais retrouver ce temps où, avec mes parents, nous traversions l'Espagne, après avoir quitté la France. Nous rentrions au Maroc dans un van, chargé à craquer d'habits, de souvenirs, de cadeaux, de tout ce qu'on ne trouvait pas encore en Afrique du Nord.

C'était comme les caravanes de dromadaires d'autrefois. On faisait le bivouac, chacun apportait ses souvenirs. Les Marocains de Suède, de Belgique, d'Italie, d'Allemagne et de France racontaient leur histoire. Autour d'un café, les hommes discutaient interminablement de leur travail, de leurs conditions de vie, du trajet : « Tu as vu comme ça a changé à Saragosse, à Tolède... l'année dernière on pouvait s'arrêter n'importe où. » Désormais, pour les haltes, il y avait des parkings aménagés avec douches et self-service.

Mon père, qui ne savait ni lire ni écrire, reconnaissait de mémoire les itinéraires, les virages dangereux. Ma mère régnait sur la marmaille bruyante. Tout ça sous le soleil brûlant de Valladolid ou de Séville.

Le soir, nous campions sur le bord de la route. Mon père sortait le tapis pour pouvoir s'allonger par terre et dîner, puis nous dormions à la belle étoile. Toute la nuit, il montait la garde, armé d'un pied-de-biche, pour protéger sa famille.

Traverser Gibraltar prenait une heure à peine. Le mal de mer précédait le bonheur de la terre natale, nous savions que l'arrivée était proche. Il nous faudrait encore une demi-journée pour aller de Tetouan à Casablanca. En arrivant, nous allions au hammam, afin de nous présenter propres devant la famille.

Casablanca, ville magique, mystique, riche de tout le monde méditerranéen ; Casa, capitale des lions des monts de l'Atlas. C'est là que j'ai commencé mes vraies prières. Dans la cosmologie musulmane, le symbolc de la montagne est le *kâf*. Réservé aux initiés, le *kâf*, extrémité du monde, représente la frontière entre le monde visible et invisible. La montagne du *kâf* est faite d'une sorte d'émeraude. Si la montagne sacrée n'existait pas, il n'y aurait pas de bleu dans le ciel et la terre tremblerait. La montagne sacrée est le symbole de la vie, elle est son point d'appui.

Au sommet de cette montagne vole, depuis le début du monde, l'oiseau Simorgh. J'ai tenté, toute ma vie, plus ou moins consciemment, de me rapprocher de cet oiseau fabuleux, qui est le conseiller des rois et des héros. Il va et vient entre Dieu et l'homme, il lui indique la montée et la descente.

Je me souviens de la plage de Casa. Lorsque la mer s'était retirée, nous attrapions parfois une raie qui glissait entre nos jambes. Mon père achetait des sardines à un pêcheur qui trimbalait ses caisses sur le porte-bagages de sa bicyclette. On se réunissait tous sous une grande tente sur la plage. Les uns et les autres apportaient, qui des petits pains chauds, qui du thé, de la salade, qui d'énormes pastèques que l'on faisait craquer sous l'oreille pour savoir si elles étaient mûres.

À l'âge de quatre ans, je fus sacré roi. Papa égorgea un mouton en mon honneur, au nom d'Abraham. Des imams vinrent lire le Coran et donner la bénédiction. Tout le quartier était là. Maman fit un festin traditionnel :

méchoui, toutes sortes de viandes grillées, gâteaux, thé, salades, fruits... Il y eut, en mon honneur, un orchestre de jeunes du quartier : guitares, ouds, tambourins, flûtes, claquements scandés des mains, et des femmes qui, de toutes parts, poussèrent les youyous.

Le lendemain, je me promenais fièrement dans la rue, dans ma gandoura de fête. On me donna des bonbons, des petites pièces de monnaie, des dattes et des verres de lait. J'étais respecté et honoré. Avant, je devais me battre pour attraper le ballon, désormais on me le mettait sous les pieds : « Que Dieu te protège ! »

Peut-être bien que mes rêves de devenir champion du monde ont été marqués par cette fête en l'honneur de ma circoncision...

5

Un soir, sur le ring, j'étais au bout du rouleau, hagard, perdu, désespéré. Lorsque je ne suis plus sûr de moi, mes jambes tremblent, ne me soutiennent plus, je suis comme une feuille agitée par le vent. Le plus dur est que mon entourage est impuissant. Ils subissent les assauts de l'adversité. Ils encaissent avec moi, mais eux ont froid tandis que moi, les coups me réchauffent.

On voit parfois arriver de loin les nuages qui annoncent l'orage, puis ils éclatent. Dans la savane, les hommes et les animaux peuvent se protéger contre la foudre. Mais là, le territoire est très réduit, quelques mètres carrés délimités par des cordes. On ne peut pas en sortir à moins de lever la main. Ça ne se fait pas. Il faut laisser passer. On écoute le tonnerre gronder, on doit alors tourner autour du frappeur, esquiver ses coups, tâcher de le leurrer et de le narguer, l'user par des feintes, le serrer dans les bras pour tétaniser ses muscles, le saper.

Lorsque rien n'a marché, il faut déguerpir, à condition qu'il ne vous ait pas fait un blocage de pied ; courir, si on le peut encore — en général sous les quolibets du public qui n'a pas compris que l'autre a des boulets de canon dans les gants. Leurs hurlements ressemblent aux sifflements des obus.

Je tentai de trouver ma tranchée pour me protéger du déluge de coups, mais l'arbitre me rappella que j'étais en guerre et qu'il fallait retourner au combat. Je revins dans mon coin et je me fis engueuler par mon entraîneur :

« S'il te frappe, frappe-le ! »

Pour m'encourager, il m'incitait à retourner à la charge. Il n'était pas question de jeter l'éponge. Ce serait une humiliation. Pour jeter l'éponge, on attend le dernier moment. Il y a toujours l'espoir d'une faute majeure de l'adversaire, un renversement de situation. Tant que le gong n'a pas sonné, rien n'est joué. Le public attend ce moment.

Et c'était reparti ! Je voulais à nouveau lui porter l'estocade, à la tempe de préférence, entendre tomber sa carcasse sur le tapis. « Ce que tu m'as fait endurer, tu vas maintenant le subir. Je vais être le cauchemar de tes nuits. Après moi, tu n'oseras plus jamais mettre le pied sur un ring... » Je voyais la peur sur le visage de ses entraîneurs.

Quand tu étais dans mes bras, me disait ma grand-mère Mina, tu vibrais comme une pile électrique.

Je cassai mon adversaire d'un direct du droit, de ceux qui soulèvent le public. Leurs yeux exorbités, leur étonnement devant ce renversement de situation. Est-ce le hasard ? Non, c'était un coup de Saïd la « Chance ». J'ai toujours gagné ou perdu mes combats sur un coup de dés.

J'eus la main cassée avec ce coup-là. Lui, s'est relevé, vaincu mais propre. Pour lui, le plus dur était passé. Moi, je garderais mon métacarpe fracturé pendant plus d'un an — la maladie du frappeur —, et je devrais m'entraîner, me battre avec cette main qu'embrassait ma grand-mère et que je regarde maintenant, écrin de tant de souffrances, cabossée.

Lors du Championnat du monde à Antibes, opposant Buster Drayton et un autre boxeur, le 18 octobre 1985, je fus opposé, en deuxième partie, à l'Italien Luigi Marini. Un combat en plein air. La mer se reposait, après une journée de canicule, en vaguelettes rassurantes ; de l'autre côté, sur les collines de l'arrière-pays, un immense incendie ravageait les pins et les broussailles. Les cendres parvenaient jusque sur le ring, collant à la peau et aux vêtements. Il ne manquait plus que les cuivres et les chœurs d'un opéra pour compléter l'éblouissement du spectacle. Les cris du public ajoutaient à cette apocalypse.

Les combattants allumaient leurs coups. Les swings et les uppercuts qui soulevaient l'adversaire du sol, l'arrachaient aux puissances des ténèbres, étaient autant de flammes qui ranimaient les corps et ravivaient les âmes des ancêtres. Mon Dieu, donne-moi ton punch !

Sous un ciel d'encre, l'incendie progressait avec son cortège de couleurs brûlantes qui se reflétaient au loin dans la nuit, comme un phare indiquant au boxeur vaincu la direction du salut.

Ce soir-là, je n'ai pas raté ma sortie. J'ai foudroyé mon adversaire par un direct du droit, et j'ai gagné par arrêt de l'arbitre à la dixième reprise.

Mon premier Championnat d'Europe des super-welters, à Toulouse le 25 mai 1984, contre l'Anglais Jimmy Cable, ne fut qu'une victoire, jusqu'à ce qu'un coup de tête ne m'expédie dans un abîme noir. C'était mon treizième combat. Quinze jours d'oubli total. Pendant six mois, je perdis toute confiance, je dus me battre contre moi-même pour retrouver toutes mes capacités. Lorsque Jean Bretonnel comprit que j'étais revenu, il me dit le mot qu'il fallait : « Vas-y ! » Et tout est reparti. Je suis redevenu champion de France le 25 octobre de la même année.

Un an plus tard, je disputai victorieusement mon deuxième championnat d'Europe, à Genève, contre le Suisse Enrico Slacchia, que je mis K.O. à la douzième reprise devant dix mille personnes...

Me voilà devant un petit gars dont je ne connais pas grand-chose. Mais, sur le ring, il prend soudain de l'ampleur. Lorsqu'il se met à danser, ses mouvements sont lourds, et il les assure de toute la force de ses larges épaules. Comme d'habitude, les débuts de combat sont impressionnants.

Ce soir-là, il n'y a pas trop de frime autour du ring. Et pourtant je boxe chez lui, devant son public. La frime, c'est aussi un combat. Les deux, trois premiers rangs d'habitués, de vedettes, de journalistes, de professionnels et de tous ceux qui gravitent dans ce milieu, à la fois sportif et interlope, je me sens prêt à leur dédier ma victoire. Car je la sens.

Je lui décroche de longs jabs. Je lui sape le foie, là où ça fait mal. Je lui fais baisser sa garde. Si ça ne suffit pas, je viserai les côtes. Je suis vif et rapide. Il engage une attaque. Un petit pas de côté, je lui échappe et je reviens. Je le positionne. Je vais porter l'estocade. Tout me paraît facile. Je suis gâté. Je l'entends souffler comme un buffle. Je sais que je vais l'électrocuter. Mais je tends toujours une oreille vers mon coin, là où se tient monsieur Jean.

Je sais que je vais gagner. Et pourtant, pendant des jours avant ce match, j'étais angoissé, même en face de mes *sparring-partners.* J'avais aligné round sur round, coup sur coup, j'avais tapé comme une bête sur le sac de sable, je ne pensais qu'à le démolir. Le sac était chaque soir un ennemi personnel. Je me jetais dessus sans retenue. La sueur ruisselait de mon visage et de mon corps. Je m'essuyais contre le sac, cette bête inanimée mais si hostile. Je doublais ma droite — mon meilleur coup, un bazooka face à un fusil, une droite terrible et magique qui a souvent fait la différence —, j'envoyais des séries de crochets, des uppercuts... mes bras semblaient voler. Le crissement du cuir sous les gants provoquait en moi une singulière jouissance. Le sac finissait, bien sûr, toujours par plier, par céder.

Ce soir, ce n'est plus un sac. C'est un homme qui bouge, contre-attaque, fait le malin. Mais je me prépare à lui envoyer une ordonnance, et, dès le troisième round, il va à terre.

Une autre fois, j'ai gagné encore plus rapidement. Mon ennemi avait raté son train et son taxi avait eu du mal à trouver l'adresse de la salle. Il était arrivé au dernier moment. Un échauffement d'une heure, et on l'a poussé sur le ring. Mais le plus beau, c'est que je souffrais terriblement d'une chaude-pisse. Je pouvais à peine marcher. Les frottements de la coquille me faisaient mal. Il fallait en finir le plus vite possible. Quitter le ring pour me faire soigner.

Le gong sonne. Je me précipite sur lui. C'est la plus belle droite de ma carrière. En un instant, je lui éclate l'arcade sourcilière et la pommette.

Je revois sa tête balançant au ralenti, de gauche à droite. Je le vois s'effondrer quelques secondes après le coup. Une sorte de K.O. à retardement.

6

« Si on perd un match, l'entraîneur ne dira jamais que son entraînement a été mauvais, mais : “C'est la faute à ta femme !”

Dans la boxe de haut niveau, on ne doit pas avoir de relations sexuelles trois semaines au moins avant le combat. Il faut garder et accumuler son énergie. Il faut être “entier dans sa chair”. Quand on voit une femme, on la considère comme un sens interdit. On pense tellement à toutes les épreuves physiques qui précèdent le championnat : footing, entraînement en salle, corde à sauter, frappe sur le sac, croiser les gants contre le *sparring-partner*, trois minutes de travail, une minute de repos. Une fois au lit, ce n'est pas à une fille qu'on rêve, mais à soi au combat, à ses coups favoris, à sa tactique de défense... »

Je pourrais écrire ça, mais ce serait juste pour la forme. En fait, mes meilleurs combats, je les ai faits après avoir transgressé un interdit ou commis une faute. Comme on en a conscience, on travaille beaucoup plus. Quand tu es sûr de toi, tu te laisses aller, tu ne sais pas te gérer.

Le sexe ou la mort. Le sexe m'a sauvé de la mort. Le plaisir sexuel est lié au danger. Avant chaque combat, j'ai éprouvé des érections fantastiques. La veille de mon Championnat du monde, j'ai fait l'amour comme un dingue. Le corps sait ce dont il a besoin. Il s'écoute et aime être écouté. L'esprit ne joue plus que le second rôle, il s'efface sous la peau.

Les femmes venaient me voir à mon hôtel. Mes nuits d'amour étaient d'une telle intensité que je croyais que c'était la première fois.

C'était le maximum de jouissance avant le maximum de souffrance.

De même que je faisais l'amour, je passais tous mes samedis après-midi au hammam pour éliminer la violence que j'avais fait subir à mon corps.

Avant une victoire ou après une défaite, c'était toujours l'attente jouissive de la prochaine femme et du nouveau combat. Sans mélo ni sentiments. Voler de la violence en plein jour. Une lutte acharnée pour le plaisir. Des corps qui se frottent, s'emmêlent. Parfois, il arrivait que je leur colle un crochet en plein cœur. C'était pas exprès.

Ma vérité, c'était de gagner le paquet et de le claquer. Une journée sans champagne n'était pas une vraie journée.

Mon premier amour, j'avais treize ans, aura été pour la jeune photographe de la ville, une brune aux grands yeux que je devais aller voir chaque année pour des photos d'identité. Pendant des années, j'ai fantasmé sur sa silhouette longue et déliée, son chic anglais, ses jupes à carreaux. Quand elle me prenait en photo, je la fixais derrière l'objectif, fasciné. Elle me racontait ses voyages en Inde, ses marches au Népal, ses aventures dans les villages d'altitude. Au bout de douze ans, j'ai fini par lui faire l'amour. Elle savait depuis longtemps qu'il y aurait tôt ou tard quelque chose entre nous.

Je découvre son sexe qui m'a fait rêver, je reprends mon souffle, je sens en elle une odeur qui m'étourdit, ma tête entre ses cuisses, je lèche cette fente chaude. Elle se contorsionne, roule mon sexe comme un cigare entre ses deux seins magnifiques, puis elle se caresse les tétons qui durcissent.

Elle descend ses mains le long de son corps, les fait glisser de ses hanches jusqu'à son ventre creux. Elle s'écarte la fente, s'enfonce un doigt avant de le remettre dans la bouche.

Ses lèvres douces et humides vont et viennent le long de ma queue, elle donne des petits coups de langue, des petits coups de dents, suce et caresse. Je suis comme aspiré. Je passe mes mains sur son visage, ses yeux se voilent.

Je tire ses cheveux en arrière, elle s'accroupit sur ma cuisse, se frotte contre moi, son corps s'enflamme. Des petites plaintes sortent de sa bouche, avant de devenir des gémissements. Elle me supplie de la défoncer.

Je décharge en elle. Des larmes s'écoulent en laissant une traînée de foutre sur ses cuisses.

Malika était une formidable amie d'enfance. À Casablanca, elle était notre sœur, notre compagne, elle partageait notre vie dans le parc. Seule à être admise parmi nous, elle partageait notre vie. Ses yeux d'amande douce... Il ne fallait pas s'approcher d'elle. Elle pouvait être à la fois chatte et panthère. Elle était devenue la princesse du quartier, au grand dam des anciens. Sous le regard de ma grand-mère, elle communiquait sa vivacité et son magnétisme à nos fêtes, animées par des

Gnawas, ces groupes folkloriques qui ont l'art de provoquer la transe. Des bougainvillées, des lauriers-roses, blancs, des jasmins, dans la rue des quartiers populaires, il y avait toutes ces plantes odorantes et capiteuses. Malika était l'une d'elles…

Quand je suis parti en France, elle est restée dans la rue. Elle y a fleuri. Elle est devenue call-girl. Ses clients, quand ils la cueillent, ont l'impression de s'approcher du Bon Dieu.

Mes rapports avec les femmes auront été comme un match : un gain égale une défaite. Chaque fois, il m'a fallu mener un nouveau combat.

Quand une femme voulait construire avec moi une « vie commune », je faisais la cigale. Je voulais, dans ma démesure, le gros paquet. Elle ne pouvait pas m'empêcher d'être ce joueur qui prenait quotidiennement un pari sur lui-même, qui ne vivait que par cette excitation du tout ou rien.

Je prenais une chambre dans un palace, je me faisais faire des costumes sur mesure, j'achetais les plus belles chaussures, j'allais chez les meilleurs chemisiers, puis, la chance ayant tourné, je revenais dans mon studio où je retrouvais l'autre moitié de moi-même. Plus de champagne, plus de restaurants de luxe... Mais il me fallait aussitôt retrouver le sens de la guerre. Et je le retrouvais toujours.

J'aurais dû construire un couple, mais, par peur de l'avenir, je vivais dans l'instant. Je rêvais bien d'une famille avec plusieurs gosses, je me serais occupé d'eux, j'aurais jardiné, fait des balades sur les collines. Mes copains l'ont fait...

Ils ont toujours eu un temps d'avance sur moi. Quand j'eus un vélo, ils avaient leur première Mobylette. Quand j'ai eu une Mobylette, ils roulaient en voiture. Et tout a toujours été ainsi. Jusqu'au jour où ils ont tous eu leur maison, leur jardin, leur électroménager, leur caméscope grâce auquel ils regardent maintenant ce qu'ils étaient avant, quand ils avaient encore un idéal.

7

Le 25 octobre 1986, à Paris, au Zénith, je suis en face d'un extraterrestre : le Jamaïcain Mac Callum, champion du monde en titre des super-welters, dont la droite fait trembler la terre. C'est un peu comme se confronter à des géants comme Ali, Tyson, Robinson ou Monzon.

Tout à coup, je ne m'appartiens plus. Les flashs, les cris du public, peut-être dix mille personnes. La tête me tourne. Je vois mon père, paniquant comme toujours, Jean Bretonnel, tout mon staff... J'ai le ventre serré.

J'ai senti mon adversaire, je l'ai flairé, j'ai compris que sa boxe ne serait pas conforme aux règles, que je ne pourrais pas le prévoir. Mais ce qui m'a déstabilisé, et finalement perdu, c'est que je me suis pris, pour la première fois de ma carrière, au sérieux.

Au début, tout va très bien, je m'amuse avec un grand champion, je garde ma foudre, je ne la déploie pas, j'attends le moment voulu. Je le guette... Au quatrième round, il paie sa première faute. Je le touche au menton. Je ne m'en rends même pas compte, sinon je lui aurais monté aussitôt un uppercut et il serait mort.

Mais le gong sonne, l'arbitre arrête le combat. Je reviens dans mon coin, je vois les visages dans le public : je vais être champion du monde !

Au début du cinquième round, il pose rapidement sa main gauche sur mon visage, m'enfonce son pouce dans l'œil et m'ouvre la paupière. L'arbitre tourne autour de nous, danse. Il fait partie du ballet. Il n'y a qu'un Seigneur, c'est l'arbitre. Il l'a vu, mais n'a rien dit. L'arbitre a ses règles. Le public, il ne voit rien. C'est tellement bien fait. L'arbitre voit et se tait.

Puis Mac Callum matraque autour de cet œil, et je deviens de plus en plus fragile. Je ne vois plus rien. J'ai l'impression qu'on m'introduit et qu'on me retire des aiguilles. Je suis devenu comme ces animaux qui, dans le désert, sentent arriver la mort. À partir de ce moment-là, il fait de moi ce qu'il veut.

Je ne ressens plus rien, j'ai dépassé le stade de la douleur. Je suis un pantin désarticulé. Je suis de bois. Au gong, papa me sourit d'un air étonné. Je n'entends plus, on m'asperge d'eau, on me soigne. Je me suis échappé. Je suis passé à travers le miroir.

Je reviens dans mon coin, on tente de me réanimer. Papa me tend sa main pour me sauver l'espace d'un instant. Je repense fugitivement à tous ces moments où, enfants, nous nous ébattions pendant des heures dans les flaques de cette pluie chaude qui inondait

Casablanca. Comme le soigneur sur le ring, ma grand-mère m'attendait avec une grande serviette blanche et m'épongeait.

L'arbitre ordonne de reprendre le combat. Je me redresse devant mon adversaire. Je ne lâche plus son regard. Je suis condamné à ne pas abandonner. Je suis piégé par ma passion. J'ai mal dans mon corps d'enfant, mais pleurer ne fait pas partie du métier. Il faudra que je pense à mettre mes lunettes noires avant de mourir. Je me réfugie dans ce corps qui n'est plus tout à fait le mien.

Je me ressaisis. Je ne renonce pas. Je ne veux pas fuir. Je me relève. Un instant de survie. Je pousse un cri intérieur. L'autre me touche. Tout lui est facile. Tout s'arrange, mais rien ne dure. Et si ça ne s'arrange pas, ça dure !...

Mon mirage, c'était de m'accrocher dans mes combats : un pari de gamin. Boxeur professionnel, je restais toujours amateur à cause de mes yeux d'enfant.

J'avais l'habitude de boxer dans les règles. Jamais de coups de pouce, de tête, de béquilles. Je ne comprenais pas cette façon de se battre. C'était la boxe du Bronx, la boxe de la survie, de la gagne à tout prix. Alors j'ai perdu, mais j'ai beaucoup appris. Face à ce champion, grand, sec, aux bras immenses, qui connaissait toutes les ficelles, j'étais arrivé avec ma boxe d'apprenti.

La boxe dépasse les simples règles du sport. Elle est le mariage de la puissance, de la dérision, de la force et d'une danse maléfique. Elle est d'une très grande complexité. Il ne faut pas croire que le coup de génie, celui qui marquera le combat d'un point final, soit une fabuleuse combinaison car, pendant ce temps, l'autre va te mettre un coup dans les couilles ou des coups de tête, ou te fera une béquille à la cuisse qui, au bout de quelques rounds, t'empêchera de marcher. Le coup parfait, c'est le « coup bas », tellement bien porté que le public n'a rien vu. La frappe d'illusionniste. Foudroyante. Le coup auquel il fallait penser.

Un jour, à Casablanca, j'avais repéré dans le plateau de fruits une magnifique banane. Comme elle était pour les invités, j'avais pris une paille et j'en ai absorbé tout l'intérieur.

Ce coup bas, dès que je l'ai fait aux autres, on ne me l'a plus jamais refait. En boxe, tu fermes ta gueule. Ce qui est fait sur le ring est bien fait. Tu ne vois jamais un mec baver sur un autre. Tu acceptes ou tu refuses. Fermer sa gueule est une des bases fondamentales du « noble art ». Seul compte le résultat.

Un jour, j'ai mis un coup de boule à un adversaire qui, pendant trois rounds, m'avait plusieurs fois explosé la tête. Comme il avait protesté, l'arbitre avait arrêté le match, et l'avait disqualifié. Exactement comme faisait mon père quand j'étais gosse. Quelles taloches il me donnait, si je venais pleurnicher auprès de lui parce qu'un gamin m'avait fait mal ! En revanche, le jour où j'ai corrigé un camarade qui était allé se plaindre auprès de lui de mes coups, il m'a caressé.

Il n'empêche que ce soir-là, après le match, je vomis dans ma chambre d'hôtel. J'entends des pas dans le couloir, mais ce n'est pas pour moi. Papa est resté en bas, il n'est pas monté me voir, il a compris que je devais finir seul ce combat.

Pour la première fois de ma vie, je pleurais après une défaite. Mon honneur était touché. Ma tête était enflée, tout mon corps me faisait mal. Je ne me reconnaissais plus. J'avais peur comme lorsque j'allais me faire engueuler par ma mère. J'ai mis mon short blanc à tremper dans la salle de bains. L'eau s'est teintée de sang. J'ai compris toute la violence du combat qui venait de se dérouler : visage enflé, tuméfié, des crampes au bout des mains... J'ai trébuché, je me suis relevé pour aller pisser. Le sang coulait de mon corps nu. Je me suis accroupi dans un coin des W.C. Je me suis dit : « Je renonce », puis que tout devait recommencer, seule la victoire ramènerait la paix en moi.

La nuit fut un deuil. J'étais perdu, je cherchais mes billes sous mon lit, comme quand j'étais gosse. Mais je me revois, le lendemain matin, reprendre goût à la vie. J'avais hâte de découvrir ce qu'il y avait derrière le grand rideau de la fenêtre, d'entendre les premiers bruits de la rue.

8

Mina aimait s'étendre sur une natte. Nous attendions tranquillement que la chaleur baisse, sa main veillait sur moi. Dans ces moments-là, elle avait un goût pour la musique. Toute une partie de mon enfance a été bercée par une chanson d'Oum Kalsoum. Tout en me passant la main sur le visage, elle me racontait des histoires de nains et de géants, le combat du Bien et du Mal. Pendant ce temps, le tajine mijotait ; au Maghreb, tout est fait doucement... Parmi les contes persans qu'elle me disait, il y avait celui des six fils du calife.

Chacun avait une ambition particulière. Le premier cherchait une fée d'une très grande beauté. Le calife lui expliqua qu'il ne condamnait pas le désir, mais celui qui en devient esclave. Le deuxième aspirait à la magie. Le calife lui montra que la magie risquait de l'écarter de Dieu. On ne peut rien obtenir sans Sa puissance. Le troisième fils voulait s'approprier la coupe légendaire qui contient tous les secrets de l'univers. Le calife lui expliqua que le pouvoir était illusion. Le quatrième voulait recueillir l'eau qui coule. On ne peut saisir la fuite du temps, lui répondit le calife. Le cinquième voulait s'emparer de l'anneau de Salomon, qui recèle la puissance et le pouvoir sur le monde. Mais toute puissance est transitoire. L'anneau n'existe que par son centre. Le sixième fils voulait les secrets de l'alchimie. « Pourquoi augmenter ta richesse ici-bas, puisque tu devras l'abandonner quand tu monteras là-haut ? » lui demanda le calife.

Je voulais tout cela. Grâce à la défaite, j'ai gagné beaucoup plus. La boxe m'a appris que la victoire était fugitive et le combat éternel. Lui seul compte. Le monde moule des briques avec des hommes, puis les hommes redeviennent poussière.

La boxe, c'est « moi, je », un « je » très fort, d'autant plus hypertrophié en dehors du ring qu'il est bafoué entre les cordes. Sur le ring, ton « je » n'est qu'une belle pute qui se bat pour des profiteurs. Il joue pour la galerie. Mais ça, tu le comprends plus tard ; bien plus tard, tu te rends compte que, pour faire carrière, tu aurais mieux fait de vendre des boîtes d'ozone ou de l'air australien en capsules. Il n'y a rien de plus con que soi.

Le boxeur débutant ignore dans quel milieu il entre, et il n'a pas la moindre idée des sommes qui sont en jeu. Il prend un pari sur lui-même : « Vaincre plus grand que soi. » Il n'a pas encore compris qu'il se battait pour son manager ou pour l'organisateur et surtout pour l'audimat. Les sponsors et tous ceux qui gravitent autour des rings seront toujours vainqueurs.

On croit souvent que le boxeur est un exhibitionniste, un craqueur, alors qu'il n'est qu'un jouet pour la télévision. « Du pain et des jeux » : la formule des empereurs romains fonctionne toujours. D'ailleurs, la plupart des boxeurs sont des descendants d'esclaves, des Blacks. Non pas qu'ils boxent mieux, mais parce que ce sont des crève-la-faim. Les organisateurs savent que ces gars-là sont à l'agonie, prêts à mourir pour trois francs. Alors, dès qu'un Blanc apparaît, on en fait une star.

Le boxeur a même perdu son ombre. Au Maghreb, comme dans beaucoup de pays, l'ombre est considérée comme le double, l'âme. Sur un ring, la lumière artificielle des projecteurs ne donne aucune ombre sur le tapis. L'âme du combattant est remplacée par des publicités : Usine Center, Europe I, etc.

Le vendredi, jour de la Grande Prière, tandis que les hommes vêtus de leur gandoura éclatante de blancheur se dirigeaient vers la mosquée à l'appel du muezzin, je me réfugiais en haut de l'escalier étroit et abrupt de notre maison. Plus un bruit, à peine un petit courant d'air. La vie semblait s'être arrêtée. Je restais là sans rien faire, à regarder mon ombre. Je la voyais courir sur les marches et contre le mur.

Le voyeurisme commercial a transformé cet art en un spectacle pour malentendants. Le combat des sponsors entre eux est presque plus titanesque que celui des champions.

Rester debout. Une victoire. Une défaite. Rester debout. Mon combat de tous les jours ressemble à une lettre d'amour qui serait aussi une lettre de rupture. Qu'importe ! Il y a toujours la clarté du matin, le jour qui se lève. Il y a toujours des saisons, des couleurs et des parfums. Toujours des nuits, des jours et des passants. Et puis ce froid, cette bruine, compagnons du boxeur. Et la sueur de mille matins d'entraînement et celle, si différente, des soirs de combat, qui vient du fond de soi, qui noie l'odeur du tabac, l'odeur des frites, l'odeur des bourgeois qui hurlent.

La défaite est une paix totale. Une mort d'un court instant. J'emporte avec moi quelques secrets de ce monde. La souffrance sur mon visage ne compte plus. La boxe m'a fermé un œil, Dieu m'a ouvert les yeux sur un autre monde.

Le vaincu ne sera pas exécuté, mais il partira seul, dans son clan, dans l'attente d'un autre combat. Il est affaissé dans son peignoir, d'une certaine façon il est en deuil, il observe le silence qui accompagne la mort. Revenu dans les vestiaires, il aura ses proches auprès de lui. Les coups de poing ne sont rien quand le cœur ne saigne pas. Mais la lumière l'aura provisoirement abandonné.

Quand j'ai perdu, je redescends dans la rue, la vie ordinaire reprend ses droits, je revis avec les autres, je ne suis plus un roi mais un passant. Je vais à droite, à gauche, je marche au hasard des rues, ou bien je cherche une boulangerie encore ouverte pour m'acheter un flan.

La nuit dans le désert circulent tous les esprits, les rêves, les angoisses mais également la tendresse, au croisement, une rencontre peut être un nouveau départ.

Le boxeur debout est toujours vivant, celui qui ne se relève pas à « dix » est mort. Il y a quelque chose de définitivement cassé, du moins pour un certain temps. Peut-être un prochain combat le fera-t-il réapparaître. Mais il lui faudra, pour retrouver sa totale confiance en lui-même, oublier la peur, se dire qu'on peut tomber sur un simple coup, sur une droite ou un crochet asséné comme par une barre de fer. Alors, la mâchoire est devenue comme du verre.

Un soir, on est au Zénith : au plus haut. Le lendemain, au nadir : au plus bas. Heureusement, aucune salle de boxe ne s'appelle le « Nadir ». Le boxeur, comme les plantes, pousse au printemps et meurt en automne. Pour s'élever, il doit regarder non seulement son adversaire, mais aussi se fixer un but toujours plus haut...

Il y aura toujours un printemps, un été, un automne, un hiver. Il fera toujours nuit ou jour, froid ou chaud, sec ou humide. Et chacun s'adapte. Le boxeur aussi. Entre deux combats, l'ennui. Mais aussi les changements de saison : un combat sans succès, un succès sans véritable combat, un demi-combat sans satisfaction, la satisfaction d'une belle victoire...

La défaite est une petite mort. Elle ne représente qu'un instant de la vie... La mort dans la vie, la vie dans la mort. Une nuit comme une autre. Cette disparition ne dure pas. Au septième jour de ma naissance, je suis passé de l'autre côté. Mina m'a pris dans ses bras et m'a amené chez un Talb. Il a enfoncé son doigt en moi et en a sorti un liquide noir, puis il lui a dit de me garder avec elle et de me protéger du regard des autres pendant sept jours et sept nuits. Mina a veillé sur moi. Ce furent, en fin de compte, des jours comme les autres jours...

Après une défaite, j'ai souvent pensé à la musique. Prendre contre moi un violoncelle, qu'il me fasse vibrer autrement que par les coups d'un adversaire. Caresser un violon pour retrouver la paix. Faire courir mes doigts sur les touches d'un piano. Moi qui ai presque toujours eu les mains bandées et enfermées dans des gants…

Les dunes changent constamment sous l'action du vent, elles se défont en silence. Le désert se modifie et pourtant reste le même. D'infinies poussières de sable, tantôt aériennes et tantôt violentes, les coups de sirocco avec toute leur force pénétrante, ce souffle qui aveugle et qui force les hommes bleus à se protéger derrière leurs chameaux ou à s'enrober dans leurs vêtements, ces bourrasques inouïes et imprévisibles rythment la solitude...

Les bédouins savent que la mer de sable sur laquelle ils naviguent, bercés par le pas nonchalant des dromadaires, se modifie jour après jour. Sans repère, sans balises, ils savent où ils vont. Une étoile les guide, peut-être en connaissent-ils le secret.

9

Après le combat contre Mac Callum, je suis allé me ressourcer auprès de Mina. « Bientôt, Saïd sera près de moi », disait-elle à mes tantes. Elle le savait par une mésange qui est venue s'installer sur la murette de la cuisine deux ou trois jours avant mon arrivée. Les animistes disent que le langage des oiseaux est le trait d'union entre le ciel et la terre. Au cou de chaque homme, son oiseau est attaché.

Alors elle s'était installée et m'avait attendu, fièrement habillée d'une gandoura confectionnée dans un des tissus que je lui avais offerts.

Je lui ai présenté Pascale, la première femme que j'ai osé introduire dans la famille. C'était aussi, d'une certaine façon, pour masquer ma défaite contre Mac Callum.

« Maintenant, m'a dit grand-mère, tu vas t'occuper sérieusement de cette femme. Tu vas en prendre soin et changer de métier. »

Nous avons refait le parcours de mon enfance : le jardin, les souks. Dans le quartier du port, nous avons acheté des dorades, des rougets, des sardines. Sitôt rentrée, Mina a tout partagé avec les voisins. Pour la première fois, j'ai invité ma grand-mère dans un restaurant chic de Casablanca. Elle était perdue dans ce milieu inhabituel : il fallait enlever sa gandoura ; elle ne voulait pas. Il fallait manger avec des fourchettes et des couteaux. J'ai fait venir des serveurs pour lui laver les mains. Ma tante et elle, après avoir tout critiqué, ont fini par manger le tajine et même se sont régalées avec les glaces.

Plus tard, dans la nuit, Mina a voulu me redire les vieux contes de ma jeunesse. Ces contes qui ont donné un sens à mon parcours de boxeur.

Nous avons fait un tour au bord de la mer. Dans la nuit si douce, bercée par l'air frais de tous ses souvenirs, elle m'a dit :

« Demain matin, tu viendras à la plage et tu passeras sept fois sous les vagues.

— Pourquoi sept fois ?

— Tu n'es pas assez grand pour savoir. Plus tard, tu apprendras. »

Effectivement, mes yeux ne s'ouvriront que bien plus tard. Je n'avais pas, à cette époque, la moindre conscience de ce qui m'était arrivé, sous quelle étoile j'étais né, ni de ce qui allait se passer.

Un petit sourire joyeux s'échappe des lèvres de Mina. Elle rougit et s'entoure fièrement le visage du long foulard qu'elle a rapporté de La Mecque.

Quand elle est venue pour la première fois en France, en 1985, elle l'avait emporté, pour traverser le détroit de Gibraltar. Et quand le bateau a démarré, elle a cru que la terre tremblait sous ses pieds. Je l'ai prise par les épaules. Puis elle a regardé la mer avec des yeux de fillette ébahie ; son foulard épousait le mouvement des vagues.

Son bonheur m'a toujours pénétré. Elle et moi, nous ne faisions qu'un. La même âme dans deux corps. Quand elle était heureuse, c'était pour moi et pour elle. Elle savait que mon parcours ne serait pas facile et qu'il fallait me tendre la main, elle l'a fait. Elle était devenue mon chemin. C'est elle qui m'avait donné ce prénom : Saïd, la « Chance ».

Pour traverser l'Andalousie, j'avais acheté une grosse voiture : rien que pour elle.

En mars 1988, j'ai emmené Jean Bretonnel dans mon quartier à Casa. Je lui ai fait monter les escaliers raides. Il restait mon nom et ceux de mes copains gravés sur les façades. Des souvenirs d'enfance et de sainte connerie. Je l'ai présenté à Mina, à mes oncles, à mes tantes. Il était ému. Je devais boxer pour la première fois dans ma ville. Mon père a retrouvé tous ses amis de Suisse, de Hollande, de Belgique et d'Italie qu'il n'avait pas vus depuis des années. Ils étaient venus là pour moi. Tout le quartier aussi, comme pour ma circoncision... « Saïd ! Saïd ! »

J'étais la vedette.

On m'avait réservé une suite dans un hôtel, à quelques pas de ma famille. Je n'ai pas pu y rester. J'en ai fait profiter mes amis, qui n'avaient jamais dormi dans une chambre d'hôtel de luxe. Peut-être étaient-ils six ou huit. La note a été assez élevée... Et je me suis retrouvé invité à des dîners où des ministres côtoyaient des membres de la *jet set* de Casablanca. Moi, le petit Saïd...

Le jour du combat, après la pesée de midi, je suis allé déjeuner avec Mina. Elle avait préparé un mérou, mon plat favori. Il cuisait lentement dans un tajine de terre cuite posé sur le feu de bois.

Laissez mariner le mérou (si vous êtes riche, une dorade) dans de l'huile d'olive mêlée de safran, gingembre en poudre, cumin, coriandre et poivre rouge. Confire oignons, tomates, citrons, poivrons...

Les odeurs de mon enfance m'imprégnaient toujours. J'ai le pouvoir de flairer la coriandre fraîche à plus de cent mètres.

Je lui ai proposé de refaire le voyage en France que nous avions fait plusieurs années auparavant à travers l'Espagne.

« Mon fils, je ne pense pas que je pourrais. Je suis fatiguée. Tu es venu me voir. Mais mon voyage s'arrête là. »

Après m'avoir élevé, protégé, aidé à grandir, ma grand-mère disait vouloir « s'en aller », comme ça, parce que sa tâche était accomplie.

Alors, il s'est produit une chose extraordinaire : plus aucun bruit dans la grande pièce commune où nous étions assis sur les tapis et les coussins autour de la théière. Ma grand-mère était immobile, son chapelet à la main. Et j'ai vu son âme quitter son corps. Le *rih*, vent des esprits, soulevait lentement son âme comme un film transparent et la détachait de son corps. Elle se dédoublait. Puis ça s'est arrêté net. Elle a recommencé à me parler, et tout est redevenu normal.

Le soir même, j'ai livré un combat mémorable. Comme j'étais sur ma terre, un Hadj, celui qui a effectué le pèlerinage rituel à La Mecque, ami de mon père, avait organisé pour mon entrée dans la salle une cérémonie traditionnelle, faite de chants, de cris et d'ovations, ce genre de cérémonies qui se faisaient jadis pour les guerriers victorieux. À la dixième reprise, mon adversaire Jack Torrance s'inclinait.

Quatre jours après mon retour à Paris, mon père m'apprenait la mort de Mina. En vraie croyante, elle l'avait acceptée, elle lui avait fait face avec courage, sans peur, sans douleur. Elle avait pris son thé à la menthe, s'était lavée, avait revêtu sa robe blanche, avait fait sa prière puis, sans faire de bruit, elle était allée se reposer de son dernier sommeil. Tout le quartier l'a accompagnée avec des prières et des chants coraniques.

Je n'ai pas pleuré. Le Coran enseigne qu'il ne faut pas pleurer les morts parce que ça les empêche d'aller en paix dans les jardins d'Allah.

Il y avait, chez Mina, un grand masque noir accroché au mur, probablement en bois d'ébène, sans incrustation ni décoration. J'en avais une sorte de crainte et de vénération. Je n'aurais jamais osé le toucher. J'étais trop petit pour comprendre, mais je sentais qu'il était détenteur d'un savoir qui venait du fond des âges. Quand une personne est morte, son âme rentre dans le masque et l'imprègne de sa personnalité. Le corps du défunt est parti mais son âme est toujours présente dans le masque et participe à la vie du clan.

Cependant, il ne faut pas se l'approprier. Il gère et concentre les énergies cosmiques, humaines, animales et végétales dispersées dans le monde, il les aspire, il les rassemble, il sépare le bon du mauvais.

Il y avait, dans l'escalier de Mina, une main de Fatima, qui protège le clan contre les envieux, tous ceux qui montent avec des intentions méchantes, qui portent le mauvais œil. Au centre de la main est placé le bon œil. Chez Mina, il y avait aussi des cornes de gazelle, un fer à cheval et, accroché au mur, une sourate. Ainsi la maison était protégée. La maison était un espace sacré où l'on ne rentrait pas avec des chaussures.

10

Le 27 mars 1987, pour le Championnat du monde, on m'a donné comme adversaire, à Cannes, un ancien *marine* qui voulait me faire la peau : Buster Drayton. Celui que j'avais vu combattre à Antibes, lors de l'incendie de la pinède. Tout en force et en puissance. Redouté pour son punch. Si tu prenais l'un de ses crochets du droit ou du gauche, imprévisibles et lourds comme une enclume, tu restais paralysé.

J'étais plus agile que lui, plus rapide, mais j'avais beau tourner et danser, esquiver, lui porter des coups, il ne bougeait pas, solidement planté sur ses pieds, indestructible. Sûr de lui, il me regardait en riant. Alors je me suis pris au jeu. Je me suis dit : « Reprends le terrain, garde ton territoire. » Au quatrième round, j'ai vu l'ouverture et je lui ai envoyé une droite meurtrière en plein menton. Il était touché gravement. C'était un K.O. debout. Ses soigneurs l'ont ramené dans son coin pour le réanimer.

Le public méditerranéen du Palais des sports de Cannes assistait à un grand Championnat du monde : un Français, de plus d'origine marocaine, contre un Rambo. J'entendais les hurlements. La salle était en transe. Je prenais le combat en main. J'étais bien sur mes jambes. Je voyais clair. J'étais sûr de moi. Les combats les plus durs m'ont toujours réussi. Il me faut avoir mal pour gagner.

Au cinquième round, alors que j'avais l'avantage, Drayton me met des béquilles dans les deux jambes. L'arbitre ne dit rien. Malgré tout, je continue à mener. Depuis Mac Callum, je connais les lois de la boxe américaine. Au dixième round, j'encaisse une droite qui me met le cul par terre. Je me relève à dix... C'est alors que Jean Bretonnel, mon manager, décide de jeter l'éponge ! Il arrête le match !

Sur le moment, je n'ose pas comprendre. Que s'est-il passé ? M'a-t-il trahi ? Jean Bretonnel ? Un homme qui a consacré sa vie à manager tous les grands, depuis la fin de la guerre ? Tout ce qui le maintenait en vie était de former un très grand champion. A-t-il repoussé inconsciemment le moment où cela allait se produire ?

Les gens n'aiment pas que tu sois roi. Dès que t'es en haut de l'affiche, tes jours sont comptés. Mais, parfois, la belle pute se laisse aller, elle s'illusionne, elle se croit humaine alors qu'elle n'est qu'une image soumise aux caprices de leurs rêves d'impuissants. Elle pleure en sachant qu'elle n'a droit à aucun égard, aucun regard, encore moins à un mouvement vers sa peine. C'est la loi. Cela peut donner une tragédie...

Après ce match, je me suis rendu compte que le plus dangereux n'était pas tant l'adversaire que tout ce qui débordait le ring. Quand on boxe, on est dans une sorte de famille et l'on ne croit pas que, dans cette communauté, tous les coups sont permis. Surtout ceux des plus proches.

Je n'en dis pas plus, monsieur Jean est mort. Un boxeur frappe un corps chaud. Et puis le temps a passé. La pisse de chameau dans le désert donne, des années après, une rose des sables...

À vingt-trois ans, j'avais découvert chez un bouquiniste ses mémoires : *Mes boxeurs.* Aussitôt je m'étais dit qu'il me fallait un mec comme ça derrière mon coin. Or, à cette époque, j'étais champion de France, et Bretonnel savait que je voulais passer professionnel. Il eut mon adresse par la Fédération et vint me chercher. Je l'ai suivi.

Quand j'ai commencé à mieux le connaître, j'ai vu l'artiste. Il aimait la boxe comme la vie, comme on aime de belles choses, du bon vin. Il ne m'a pas seulement transmis son rêve de faire de moi un champion du monde, mais bien autre chose : un parcours initiatique. Finalement, la boxe n'aura été pour moi qu'un chemin. Dès mon enfance, j'ai cherché la perfection, espérant trouver dans la boxe le coup parfait. Le punch que tout boxeur aimerait avoir : un coup, plus rien n'existe. Les dieux sont avec vous.

Tout prenait sens, même la défaite : tu peux rencontrer Dieu sans l'avoir vu. Tu peux être tout ce que tu veux, mais comme tu es toi, tu te retrouves toujours dans tes traces.

Jean Bretonnel était pour moi un sage. Je me revois accroupi à ses côtés, comme autrefois près des anciens du quartier que je regardais en silence jouer aux dames. J'étais admis dans le sein d'Abraham.

11

À Lyon, le 30 mars 1990, j'ai boxé un quatrième mondial, le Coréen Youngkie Chung. Je m'étais couché comme d'habitude à 20 heures 30 après avoir ingurgité un thé et une salade. Je m'étais endormi normalement. Mais les morts envahirent mon sommeil et les djinns me livrèrent bataille. Je tombais dans le vide, j'étais entraîné par un tourbillon dans un trou sans fond ; un vertige incontrôlable m'absorbait, me happait.

Une fois entré dans ce nouveau monde, les djinns ont commencé à me faire la guerre. J'ai dû me confronter à eux, dans un monde fait de poussière, de cailloux, sans vie, sans oiseaux.

On m'avait jeté un sort. Tout se retournait contre moi. Tout allait mal. Plus d'argent. Ma boxe disparaissait. On me virait de mon appartement. Mon fils devait se faire opérer d'un rein... Je ne savais par où m'échapper. Un adversaire invisible, des barreaux invisibles, des forces occultes voulaient me nuire.

Le matin du match, je me réveillai comme si l'on m'avait enfoncé une aiguille au bas de la colonne vertébrale. Je demandai à mon entraîneur de me trouver un kiné pour m'examiner. Plus le temps passait, plus la douleur me paralysait. Je montai sur le ring complètement bloqué. Les seuls mouvements que je pouvais faire me tordaient de souffrance.

Pendant quatre rounds, ce fut l'enfer. Le Coréen m'a mis au tapis. Je me suis laissé tomber pour éviter la grêle de coups. Sixième round, le médecin vient voir ma blessure. Mon arcade sourcilière est bien ouverte, le sang s'échappe et coule sur mon visage. Mon adversaire sent que je suis en danger. Il tourne autour de moi. Je suis devenu sa proie. Il croit être maître du combat, il ne sait pas que c'est maintenant qu'il devient vulnérable. Le respect que je lui dois, c'est de lui péter la gueule.

Ce soir-là, j'ai boxé pour mon fils. Je retrouvais ce temps où il était nouveau-né. Je revoyais ses sourires, ses gestes, ses désirs gourmands. Pour ses trois ans, je lui avais acheté des tonnes de sucettes, de Carambars, de Malabars, malgré les cris de sa mère. À quatre ans, le week-end, je l'emmenais en camping. Nous partions au bord de la mer. Je n'arrivais pas à monter la tente. Il me disait : « T'es nul ! »

Le lendemain matin, nous allions prendre le petit déjeuner au café du coin. Puis il passait toute la journée dans l'eau. Il se faisait des copains. Je le voyais heureux, allongé sur la petite planche qui le portait au gré des vagues. Au bout de quinze jours, il avait pris ma couleur. Je commençais à vraiment le connaître. Il a maintenant onze ans.

Son esprit m'a sauvé. Tout d'un coup, la situation s'est renversée. Le public n'a pu comprendre ce qui se passait. Mon fils m'a évité la déchéance. Je n'avais plus mon âme, je n'avais plus ma grand-mère, plus mon grand père, plus Bretonnel ; mais quand tu montes sur un ring, tu boxes toujours pour quelqu'un. Si tu boxes pour toi, tu meurs. Le combat est un acte rituel. Le boxeur lutte pour ses dieux. Il doit aussi être poussé par une volonté supérieure. La boxe est un voyage, un parcours vers soi-même. Je l'ai gagné sur K.O. à la dixième reprise.

Dix jours après, bloqué dans mon lit, je repensais encore à ce cauchemar : quel sort m'avait-on jeté ? Qui me l'avait jeté ? Et pourquoi ?

12

Le ring était ma vie. Tout m'appartenait. On me donnait des adversaires, des coriaces ; je gagnais ou perdais, mais je m'en sortais toujours. Alors, on me donna des adversaires invisibles. Plus rien ne fut comme avant. Je n'avais pas programmé ma sortie prématurée de ce monde. Brusquement, je n'eus plus de boussole. Je tournais comme une girouette. Je cherchais le nord, mais le nord était nulle part.

Ma grand-mère avait une sœur. Elles ne se quittaient jamais. L'une protégeait l'autre.

J'avais un frère de lait qui portait le même prénom que moi. Un autre champion. Un homme très fort. Nous partagions le même studio à Paris.

Un soir, sortant d'un restaurant, un ami oublie son chapeau. Mon frère Saïd retourne le chercher. Au même moment, une voiture fonce sur mon père et moi. La mort a pris rendez-vous. J'accepte, sans dire un mot. Je me retourne vers mon frère sans faire un geste.

Je ne sais pas ce qui se passe, mais, brusquement, la voiture change de trajectoire et va heurter mon frère, l'entraînant dans sa course folle. Paralysé, je ne comprends plus rien : c'est moi qui devais mourir… c'est pour moi que tout devait s'arrêter…

Mais j'étais là, près de son corps couvert de sang. J'ai crié comme un chien perdu. Le lendemain, je suis allé dans sa chambre, pour voir s'il était revenu...

Mon frère Saïd était mort à ma place. Cette mort brûlait ma vie et me torturait chaque jour. C'était comme la « chronique de ma mort annoncée ». C'est comme si j'étais puni par avance, puni par le futur. Comme si on me disait que je n'aurais jamais droit au bonheur.

Je voulais le réveiller. J'ai fui. Pourquoi ne suis-je pas mort ? Pourquoi cette putain de boxe ?

J'ai connu le jet de l'éponge, l'arrêt de l'arbitre... mais dans la vie, j'ai connu le K.O. Le vrai K.O. n'est pas seulement les arcades sourcilières ouvertes, une main cassée ou encore l'extrême fatigue d'après le combat. On compose avec tout ça, on laisse passer la douleur, elle s'estompe avec le temps. Le véritable K.O. est au milieu des crabes. Quand il faut sortir ses pinces. Manger ou être mangé.

Mina, avant que je sombre dans le sommeil, me faisait dire une sourate pour écarter les mauvais esprits qui, la nuit, pouvaient m'entraîner dans leur gouffre. Est-ce parce que je n'avais pas dit la sourate que, cette nuit-là, je me réveillai en transpirant ?

Les djinns prirent la forme d'une Dalila, qui m'entraîna aux limites de la dépendance. Avec elle, je découvris l'ecstasy et la coke qui m'emmenèrent encore plus bas. Je perdais ma boxe, mes amis, mes repères. J'étais dans un monde invisible, plein d'ombres haineuses. Dans cette guerre, mon corps s'était décomposé. J'étais comme un zombie. Je ne voyais plus rien.

Le gong a sonné.

Aux yeux du public, j'étais devenu un pantin désarticulé, incohérent. Présent au coup de gong, démasqué au coup de poing.

J'étais prêt à tout pour la satisfaire, pour la garder. Il lui fallait toujours plus d'argent. J'étais à la dérive, je venais et repartais sans explication, je me résignais au hasard comme une barque perpétuellement rejetée par les flots.

J'avais beau donner le meilleur de moi-même, tout se retournait contre moi, tout était en négatif. Le jour, ni mon corps ni mon esprit ne m'appartenaient plus. La nuit, j'errais dans des labyrinthes. Je me battais contre des créatures, dont je ne voyais que la longue chevelure noire, qui sortaient des murs, armées de longs bâtons. Aussitôt que j'en abattais une, d'autres surgissaient qui m'empêchaient de trouver le chemin qui menait au centre de moi-même. Alors je me réveillais plus épuisé qu'après un combat. J'étais essoufflé, incapable d'ouvrir les yeux ; l'angoisse me serrait la poitrine.

J'étais toujours en proie à la fureur. Mes yeux brillaient comme ceux d'un loup-garou. Je devenais méchant et violent, même avec elle. Partout où je regardais, je voyais le mal.

Je m'enfermais dans une humeur massacrante. Je me souviens d'un soir de Nouvel An, dans le restaurant d'un quartier chic. Je voulais parler d'irréel, de magie, de symboles. Je n'entendais que des commentaires sur la tourte aux champignons ou le foie gras. Pour provoquer les convives, je leur parlais de mes « obsessions ». J'en rajoutais. Je décrivais mon anatomie pour voir jusqu'à quand ils supporteraient ma bite et mon couteau...

La nuit, j'étais en quête d'on ne sait quoi au fil des rues, des avenues ; de bistrot en boîte, la remontée de la rue Saint-Denis, entre les flics qui déclenchent un envol de pigeons chez les joueurs de bonneteau, ailleurs un envol d'amazones... Ce monde avait ses règles obscures que chacun respectait. Mais la drogue avait changé la donne. De très jeunes gens étaient prêts à n'importe quoi pour une seringue dix fois utilisée avec laquelle ils s'injecteraient un mélange de craie et d'un peu de poudre. Ce quartier chaud devenait un quartier froid comme la mort.

Un jour, j'ai demandé à mon ange de descendre parce qu'il me manquait. « Dans cent cinquante ans », m'a-t-il répondu. Et la lumière s'est éteinte.

J'ai senti que mon corps vieillissait et pourrissait. Il fallait qu'il aille au bout de lui-même et des choses qu'il ne supportait pas. À force de cachets de *speed*, je l'ai explosé comme l'avant de ma voiture.

Pendant quatre semaines, j'ai lutté contre le grand sommeil. Il me semblait que si je me laissais aller, c'était la fin. J'ai lutté en esprit. C'est probablement la période de ma vie pendant laquelle j'ai le plus prié. L'idée d'avoir à marcher avec des béquilles me remplissait de honte. Je ne pouvais pas imaginer qu'on me voie dans un fauteuil roulant. Je ne pouvais pas imaginer qu'on me voie pleurer.

Ça ne s'est pas arrêté. Le soir de mon *dernier combat*, le 11 décembre 1993, à Berck-sur-Mer, contre Gino Lelong, alors que je franchissais la porte de ma chambre d'hôtel, j'eus encore le sentiment que tout allait se gâter. Je sentais de mauvaises vibrations. Je partais perdant. Je savais que tout avait été combiné par le destin. En même temps, je faisais peur à ceux qui avaient tout préparé. Fatigué, j'étais gonflé par la cortisone. Je suis monté sur le ring avec dix de tension. Je bâillais. Mais je suis du genre à aller jusqu'au bout, et il fallait que j'en finisse avec ce que j'avais vécu. Alors j'ai accepté et je suis allé au-devant de mon destin...

Mon adversaire frappe fort. Chaque coup qu'il envoie résonne en moi. Enfant, je n'imaginais pas qu'on pouvait se faire mal à ce point. Mon œil droit est poché. Je le distingue de moins en moins. Il a réussi à m'affaiblir. Les rôles ont changé.

Mon adversaire veut en finir. Ma respiration se bloque. Mes jambes ne me tiennent plus. Je ne vois plus rien. Sa droite me tombe dessus. Je suis allongé sur le ring. Je m'observe moi-même à terre. Frappé dans mon orgueil, j'accepte l'échec, mais je refuse que mon destin ait été manipulé. Il ne faut pas toucher à mon rêve.

Je me relève, j'avance sous une pluie de coups. Mais ma grand-mère n'est plus là pour me soutenir, Bretonnel non plus, papa ne se trouve plus dans mon coin... en fait, je suis tout seul, alors que l'on boxe toujours pour quelqu'un, une âme, un ancêtre, une force bénéfique qui vous aide à vaincre non seulement l'adversaire, mais encore tous les démons qui sont autour du ring et rentrent en vous, insidieusement, malignement.

On arrête le combat... le courage et la force m'ont lâché. Je descends du ring les mains crispées contre mes flancs, ma droite est comme ficelée, impossible de me dégager de cet envoûtement, les yeux hagards, je ne comprends plus rien de ce qui m'arrive.

J’étais soumis par un « être » invisible. Y avait-il là une fatalité, une sorte de *Mektoub* ?

Une femme me sourit. Je la regarde, j’aurais voulu être son chevalier ce soir, avoir combattu pour elle. Mais ce n’est pas un rêve.... Comme tout m'est étrange. Elle reste à côté de moi. Elle me regarde. Ses yeux ne me quittent plus, elle me prend dans ses bras, la défaite n’a plus d’importance.

13

Au bout de peut-être quatre ou cinq ans, Andrée-Michelle m'a réveillé. Je l'ai rencontrée dans un restaurant chinois où j'avais rendez-vous avec une amie journaliste. La rencontre d'un boxeur paumé et d'une fée qui tirait des bouffées de son fume-cigarette. Elle m'a fait traverser tout Paris. Dans le noir de la nuit : l'Opéra, les quais de la Seine, le Trocadéro... Nous avons fait, comme des gamins, un tour sur un de ces vieux manèges dorés comme on en voit encore aux carrefours des rues, qui tournent, nostalgiques.

Tout nous séparait. Mais nous étions emportés dans un tourbillon qui nous enivre encore. J'avais trouvé enfin ma Billie Holiday. Je l'ai raccompagnée chez elle. Sans vraiment me connaître, elle m'a laissé sa voiture, intimement, profondément empreinte de son parfum, avec lequel j'ai dormi.

Alors que j'étais oublié par la boxe, à la dérive, je revivais par la rencontre de cette femme. Et mon cœur bat, bat pour elle. Je suis fier de mon corps qui commence à renaître. Un jour, j'ai osé lui dire « je t'aime ».

Elle fut ma plus belle victoire.

Voyant que mon état empirait, elle me trouva un havre de paix, en Bretagne, chez un magnétiseur. L'air était frais et sain. Je me promenais le soir autour de l'église où je contemplais les mystérieuses statues de granit, je jouissais du silence et du vent qui faisait bruire les genêts. Sur mes lèvres je goûtais le sel de la mer, cet élément purificateur des alchimistes.

Puis je suis retourné à Paris. Il était impératif que je sorte de cet envoûtement. Combien de journées ai-je encore passé, recroquevillé sur moi-même, tremblant comme un camé, les oreilles bourdonnantes, incapable de tenir debout, ne pouvant faire face aux rayons brûlants du soleil qui pénétraient dans ma chambre ! Je sais bien que je ne suis qu'une goutte d'eau et que l'Océan en brasse des milliards comme moi, que la vie est « un grand fleuve ». Mais allait-il m'emmener sur une île paradisiaque ou dans des égouts ? Je devais à nouveau me battre. Même aujourd'hui, alors que la boxe professionnelle est derrière moi et que j'ai accepté ses échéances, il faut toujours que je remonte, d'une façon ou d'une autre, peu importe le moyen, sur un nouveau ring.

Mon autre voie de salut, peut-être la plus importante, aura été mon Hadj, un homme voué à Dieu, qui vit avec les textes sacrés. Il me suivait depuis des années sans que je le sache. Il veillait sur moi avec ses prières. Il me connaissait sans me connaître. Moi, je le voyais de temps en temps passer sur son Solex. Et c'est moi qui finalement suis venu à lui. Je suis allé le voir, sans bien savoir pourquoi. Il fallait que je franchisse cette porte. Et il m'a dit : « Depuis longtemps, je te suis et j'ai toujours essayé de te sauver de tes péchés, les *hramm*. Souvent, j'ai invoqué pour toi le Saint Nom. Je suis heureux de voir que tu vas mieux et que tu as franchi des épreuves difficiles. Je serai toujours derrière toi. Moi-même, je ne suis rien, je fais partie de ta légende et j'intercède pour toi. Maintenant, tu ne peux plus marcher les yeux fermés. Et je vais encore t'aider à poursuivre ta route. »

Je vais le voir, dans sa petite pièce modeste où règne un silence de paix, plein de valeurs immatérielles. Je n'ai pas le droit de franchir la ligne qui me sépare de l'endroit où il se tient, ni de toucher le Coran. Il m'offre un café bien noir et me parle du monde de l'invisible qui veille sur la santé des hommes, de ceux qui manipulent les âmes errantes, de ceux qui apportent la guérison, et encore de ceux qui donnent la folie, l'angoisse ou la malchance.

Au-dessus de la forêt, au-dessus du foyer domestique, il y a les esprits de la nuit, du jour et ceux de la pénombre. Il y a le bien mais aussi le mal ; le monde sauvage mais aussi le monde spirituel. Le noir et le blanc cohabitent. L'un ne va pas sans l'autre. Ces esprits invisibles peuvent donner la santé à l'homme et aussi accaparer l'âme d'un mort.

Ils peuvent être menteurs et dissimulateurs, l'un peut se faire passer pour un autre. Il sait comment les identifier, comment les appeler, son chapelet à la main.

Quand il me dit ça, je me revois suivre les versets du Coran. Là où j'ai appris à écrire les sourates sur une planche de bois, avec une craie, puis à les réciter. Quand nous ne savions pas, nous recevions des coups sur les doigts avec une règle en bois. Je craignais plus la latte de l'imam que, plus tard, les uppercuts de mes adversaires. Ce vieux Berbère à barbichette était sans pitié, mais en même temps doté d'une immense gentillesse. Je l'ai revu des années plus tard, il n'avait pas changé. Les sourates non plus. Aujourd'hui, je récite ces versets, et ils me rappellent ma jeunesse.

En sortant de ces séances d'instruction religieuse, je rentrais chez moi voir Mina. Elle m'avait préparé un jus d'orange bien frais et un morceau de pain. Puis je retrouvais mes copains, nous faisions une partie de foot, le quartier reprenait vie.

En sortant de chez lui, je me sentis un autre homme. J'avais retrouvé la confiance en moi qui était celle de mon enfance. Je me revis dans le verger de mon grand-père, parmi les odeurs des grenadiers, de la menthe, de la coriandre, où j'entendais au loin les claquements si particuliers du bec des cigognes...

Cette nuit-là, je me suis vu dormir à côté d'une force mauvaise, peut-être un chien, un loup ou un chacal. C'était elle, cette créature qui hantait ma vie depuis déjà des années. Tout d'un coup, cinq gros chats sont entrés dans la pièce, massifs, touffus, superbes. Ils ont encerclé la créature du Mal, se sont approchés d'elle. Elle tremblait de tous ses membres. Un des chats l'a prise par la gueule et ils sont tous partis, d'un bond. Pour la première fois depuis longtemps, j'ai terminé ma nuit dans la paix, la sérénité.

Effectivement, j'étais libéré, mais pas totalement. La boxe avait faussé en moi le déroulement du temps. Un round dure entre dix secondes et trois minutes. C'est un espace et un temps singuliers dans un monde illusoire. Sorti du ring, le temps n'est plus le même, c'est celui du monde où toutes les vitesses cohabitent et se côtoient.

Un soir d'hiver, je me suis échappé vers mes terres ancestrales. Ma famille m'attendait à l'aéroport de Marrakech. Oncles, tantes, cousins... ont tout de suite vu que le Mal était descendu sur moi. Mon visage était défait, mes yeux gonflés, mon énergie m'avait quitté. Une immense fatigue m'envahissait. Ils se sont tous occupés de moi. Ils m'ont conduit sur le tombeau d'un saint. Ils m'ont emmené voir l'ancienne ferme de mon grand-père. Ils m'ont fait retrouver les odeurs d'autrefois, m'ont promené dans les souks. Ils ne me laissaient jamais seul.

Ma tante me disait : « Cette nuit, tu as encore eu des cauchemars, mais ça va passer. » Elle m'a emmené voir une guérisseuse qui lisait sur des blocs de plomb les maux dont j'étais atteint. Elle faisait fondre le plomb, et des figures morbides et horrifiques apparaissaient.

Un autre jour, ma tante a décidé de me conduire dans une grotte sacrée, très loin dans la campagne. Il fallait prendre un taxi, puis monter sur un bourricot pour ballotter sur un chemin pierreux pendant des heures. C'était une sorte de pèlerinage. En arrivant, j'ai dû me mettre nu. Le gardien m'a apporté un seau d'eau, une eau particulièrement pure, pour chasser tous les mauvais esprits qui me hantaient. Et puis, nous avons marché encore une heure jusqu'à un cratère au bord duquel on m'a fait allonger sur le côté droit. Alors je me suis mis à tourner sur moi-même autour du trou. Et j'ai été emporté par une force comme par une tornade. J'ai fait des dizaines de tours. Comme j'étais complètement étourdi, un fakir, sorti de la petite mosquée voisine, est venu me chercher, m'a pris la main, m'a relevé et m'a dit : « Voilà, mon fils, tu es libéré. »

Le vendredi suivant, de retour à Marrakech, un sorcier a terminé le rite d'exorcisme. Dans un creuset d'argile rempli de braises, il a posé un anneau qui rassemblait cinq grosses clés ; par-dessus, il a jeté l'ensemble des herbes qu'il avait collectées et de l'encens, de la myrrhe, des piquants de hérisson, d'autres éléments indispensables à toute invocation magique. En un instant, une légère fumée blanche s'est élevée. Sur les cinq clés, deux s'étaient envolées en cendres...

14

Tout ce que j'ai fait a été oublié. Peu importe, je me redécouvre devant une glace, naturellement sans honte et dans l'honneur. Je n'ai pas été Muhamed Ali, mais j'ai boxé pour l'imiter. J'y suis allé comme on entre en religion. J'ai presque tout abandonné pour la boxe. Si Dieu ne m'a pas toujours fait gagner mes combats, Il m'a aidé à me relever.

Je reviens dans la durée. Le bonheur m'envahit. Finalement, je n'aurais été absent que quelques rounds... J'écoute battre mon cœur, ce bruit que je ne saurais interpréter avec les mots. J'ai beau calmer ma respiration, la nuit il m'arrive souvent d'entendre son battement de tambour.

Six ans après sa mort, je suis retourné sur le tombeau de Mina. Dans le cimetière où elle repose, je suis venu avec mon fils. L'herbe a été brûlée par le soleil, des centaines de tombes émergent de la terre, alignées les unes contre les autres. Mes tantes ne savent plus où Mina a été enterrée. Elles cherchent à l'autre bout du cimetière. Moi, j'avance comme un somnambule, mon fils marche devant moi. Tout à coup, un tourbillon de poussière se met à tournoyer devant moi. C'est un signe. Mon fils s'est arrêté net, je le regarde : il prie.

« Papa, c'est ici ! »

Un carrelage tout blanc, brillant sous le soleil d'hiver. Peut-être pourrais-je faire construire un jour à Mina, comme le prince Shah Jahan pour son épouse, un monument de marbre incrusté de pierres précieuses, entouré de bassins et de jardins…

Je serre très fortement le chapelet de Mina qui est toujours au fond de ma poche. Un jour, elle m'a dit : « Tu ne seras jamais aussi grand que la montagne, et ta vie, finalement, n'aura duré qu'un jour. » Elle est dans le jardin céleste où abondent les fruits et toutes les richesses de Dieu, où règnent la paix et la sérénité.

Je suis sûr que Mina m'attend là-haut avec une poignée de dattes et un verre de lait.

Impression réalisée sur CAMERON par

BUSSIÈRE CAMEDAN IMPRIMERIES

GROUPE CPI

à Saint-Amand-Montrond (Cher)
en février 2001

51-27-1422-01/8

ISBN 2-720-21422-1

Dépôt légal : février 2001.
N° d'Édition : 9620. – N° d'Impression : 010328/1.

Imprimé en France